Bibliografische Information der Deutschen Nationalbibliothek:

Die Deutsche Bibliothek verzeichnet diese Publikation in der Deutschen National-
bibliografie; detaillierte bibliografische Daten sind im Internet über http://dnb.d-
nb.de/ abrufbar.

Impressum:

Copyright © 2017 GRIN Verlag, Open Publishing GmbH
Druck und Bindung: Books on Demand GmbH, Norderstedt Germany
ISBN: 9783668460744

Dieses Buch bei GRIN:

http://www.grin.com/de/e-book/367654/kryptowaehrung-und-blockchain-eine-
analyse-ueber-die-grundprinzipien-und

Timo Günter

Kryptowährung und Blockchain. Eine Analyse über die Grundprinzipien und die Funktionweise von Blockchains im Kontext der Kryptowährung

GRIN Verlag

GRIN - Your knowledge has value

Der GRIN Verlag publiziert seit 1998 wissenschaftliche Arbeiten von Studenten, Hochschullehrern und anderen Akademikern als eBook und gedrucktes Buch. Die Verlagswebsite www.grin.com ist die ideale Plattform zur Veröffentlichung von Hausarbeiten, Abschlussarbeiten, wissenschaftlichen Aufsätzen, Dissertationen und Fachbüchern.

Besuchen Sie uns im Internet:

http://www.grin.com/

http://www.facebook.com/grincom

http://www.twitter.com/grin_com

Kryptowährung
und
Blockchain

Eine Analyse über die Grundprinzipien und die Funktionweise von Blockchains im Kontext der Kryptowährung

Seminararbeit: Integrationsseminar
Timo Günter
Wirtschaftsinformatik

Inhaltsverzeichnis

Abbildungsverzeichnis III

Tabellenverzeichnis III

Abkürzungsverzeichnis III

1   Einleitung 1

2   Einführung und Entwicklung von Kryptowährungen 1

    2.1   Veränderung der Einstellung gegenüber etablierter Währungen 2

    2.2   Das Konzept von Satoshi Nakamoto 3

    2.3   Logische Umsetzung mittels Blockchain 4

3   Grundprinzipien der Blockchain 6

    3.1   Kryptograhie 6

        3.1.1   Hash-Funktion 6

        3.1.2   Digitale Signatur 7

    3.2   Grundsätzliche Funktionsweise der Blockchain 8

    3.3   Transktionen 8

    3.4   Proof of Stake 9

    3.5   Distributed Ledger Technology 10

4   Anwendungsszenarien 11

    4.1   Blockchain 1.0 11

    4.2   Blockchain 2.0 11

    4.3   Blockchain 3.0 12

    4.4   Ausblick 12

5   Kritische Würdigung 12

Anhang IV

Literaturverzeichnis VI

Abbildungsverzeichnis

Abbildung 1: Unterschied zwischen zentralisierten und verteilten Zahlungssystemen V

Abbildung 2: Vereinfachte Bitcoin-Blockchain V

Abbildung 3: Durchschnittliche Transaktionszeit bei Bitcoins VI

Tabellenverzeichnis

Tabelle 1: Anwendungsbereiche des Wirtschaftsleben VII

Abkürzungsverzeichnis

BTC	Bitcoin
DLT	Distributed Ledger Technologie
EUR	Euro
USD	US-Dollar
P2P	Peer-to-Peer
PC	Personal Computer
PoW	Proof-of-Work
PoS	Proof-of-Stake

1 Einleitung

Das globale Umfeld, ist heutzutage durch steigende Diskontinuitäten geprägt. Die Herausforderung sich an stetig ändernde Bedingungen anzupassen wird durch eine steigende Geschwindigkeit und einen erhöhten Neuigkeitsgrad des Wandels sowie durch eine anspruchsvollere Komplexität und steigende Verflechtung der Umwelt erschwert (vgl. Diederich 2010, S. 7). Dabei hängt der Grad des Unternehmenserfolges von der Vorbereitung auf zukünftige Entwicklungen und der Integration neuer Produkte in die Geschäftsstrategie ab (vgl. Diederich 2010, S.8).

Zu den aktuellen Entwicklungen an den Finanzmärkten gehört auch der Aufstieg der digitalen Kryptowährung Bitcoins, welche als Gegenentwurf zum Zentralbankgeld entwickelt wurde (vgl. Nakamoto 2008). Ein Grund dafür liegt im gesunkenen Vertrauen der Menschen in das traditionelle Währungssystem (vgl. Lochmaier 2014, S. 65 sowie Brauers 2011, S. 47).

Blockchain ist die Technologie hinter Bitcoin. Sie macht Kryptowährungen überhaupt erst möglich, und die meisten Vorgänge moderner Kryptowährungen können anhand der Blockchain aufgezeigt und erklärt werden. Heute aber lässt sich die Technologie auch für Anwendungen ausserhalb der Finanzwelt nutzen. Es zeichnet sich nun der neue Trend ab, die Technologie auch in anderen Bereichen, wie beispielsweise als Handelssystem für Diamanten oder Rohstoffe, einsetzen zu wollen. So haben Ende 2016 erstmals zwei Banken ein grenzüberschreitendes Rohstoffgeschäft per Blockchain abgewickelt (vgl. FAZ 2016).

Ziel dieser Arbeit ist aufzuzeigen, aufgrund welcher Veränderungen die Entwicklung alternativer Kryptowährungen vorangetrieben wurde. Weiter soll untersucht werden was sich hinter dem Prinzip der Blockchain-Technologie verbirgt, welche im Rahmen von Kryptowährungen eingesetzt wird.

Hierzu soll dem Leser zu Beginn der dargestellt werden weshalb sich die Einstellung gegenüber traditionellen Währungssystemen verändert hat. Dabei wird das Konzept von Satoshi Nakamoto aufgegriffen, welches die Grundlage der Kryptowährung Bitcoin bildet. Darüber hinaus sollen Fragengestellungen der Technologie hinter Kryptowährungen, die Blockchain, beantwortet werden. Um die Blockchain-Technologie besser verstehen zu können werden anschließend relevante Grundprinzipien sowie die Funktionsweise der Blockchain dargestellt. Weiter soll erläutert werden wofür Blockchains neben dem Bitcoin-System noch eingesetzt werden könnten?

2 Einführung und Entwicklung von Kryptowährungen

Dieses Kapitel legt die Grundlage zur Bearbeitung des Schwerpunktes, indem die Einführung und Entwicklung der Kryptowährungen betrachtet wird. Bei der Betrachtung der Veränderung der Einstellung gegenüber etablierter Währungen wird die Fragestellung bearbeitet, wie es überhaupt zu einer Notwendigkeit kommen konnte, alternative Währungen unabhängig von Regierungen und Banken einzuführen. Weiterhin werden die zugrundeliegenden Prinzipien der alternativen Währungen anhand des Konzepts der Bitcoins unter Verwendung der Blockchain-Technologie sachlogisch eingeordnet.

2.1 Veränderung der Einstellung gegenüber etablierter Währungen

In Zeiten, in welchen Europa immer mehr Pleitestaaten zählte, sank das Vertrauen der Bürger in den Euro als Währung. Durch aufkommende Berichte innerhalb der vergangenen Jahre über das „Anschmeißen der Notenpresse" (vgl. BankingPortal24.de 2012) und einer angeblich möglichen Inflation wurde das Misstrauen in den Euro geschürt. Dabei verlor der Euro in den Augen vieler Menschen die Funktion als Wertaufbewahrungsmittel. Dadurch wurde die Funktion der Wertaufbewahrung verstärkt auf Immobilien und Gold ausgelagert wurde (vgl. Zydra 2012). Anstatt nun der Möglichkeit eines Aufschwungs entgegenzusehen, kursierten so seit Anfang des Jahres 2014 zunehmend Berichte bzgl. einer drohenden Deflation. Diese Deflation würde schlimme Folgen, wie fallende Preise und mögliche Maßnahmen der EZB nach sich ziehen (vgl. Kaiser 2014). Allerdings basiert die Funktion unserer konventionellen Währung auf dem Vertrauen, welches die Menschen ihr entgegenbringen.

Im Jahre 1900 befasste sich schon Georg Simmel mit der Funktion des Geldes im Zusammenhang mit dem entgegengebrachten Vertrauen der Menschen. „Es muss aber (...) der Glaube vorhanden sein, dass das Geld, das man jetzt einnimmt, auch zu dem gleichen Wert wieder auszugeben ist" (vgl. Simmel 1989, S. 215). Dennoch, es spielt nicht nur das Vertrauen der Menschen in das Geld an sich eine wichtige Rolle, sondern es ist weiterhin noch eine weitere Instanz erforderlich, welche das Geld überwacht. Denn „das Fundament und der soziologische Träger jenes Verhältnisses zwischen den Objekten und dem Geld ist das Verhältnis der wirtschaftenden Individuen zu der Zentralmacht, die das Geld ausgibt oder garantiert" (vgl. Simmel 1989, S. 213). So begründet sich der Wert und die Funktion einer konventionellen Währung nach Simmer auf dem Ausmaß an Vertrauen einerseits in die Währung selbst, als auch in die Politik und Zentralbanken, welche die Aufgabe haben, die Stabilität des Geldes zu gewährleisten.

Zum jetzigen Zeitpunkt gibt es einige Studien, welche das Vertrauen der Menschen gegenüber Regierungen und Banken untersuchen. So berichtet das Handelsblatt von einem schrumpfenden Vertrauen der Privatanleger gegenüber den Banken und einer wachsenden Angst der Anleger davor, dass sich die Banken auf ihre Kosten bereichern (vgl. Handelsblatt 2014).

Weiter ist nach einer Gallup-Studie[1] das Vertrauen der Amerikaner in U.S. Banken in den letzten Jahren stark abgesunken. So erreichte das Vertrauen Mitte 2012 ein Rekordtief, bei welchen nur 21% der Befragten ein hohes Vertrauen in Banken angaben. So haben Banken im Vergleich mit allen anderen in der Umfrage enthaltenen Institutionen, den größten Rückgang des Vertrauens zu verzeichnen (vgl.

---

[1] Gallup ist eines der führenden Meinungsforschungsinstitute mit Sitz in den USA, veröffentlichen regelmäßig Umfragen aus über 160 Ländern und weisen über 75 Jahre Erfahrung auf (vgl. Gallup 2016).

Gallup 2012). Weiter stagniert nach dem Edelman Trust Barometer (2014) das Vertrauen in die deutsche Regierung bei nur 49%. Damit ist das Vertrauen in die Regierung geringer als in die Wirtschaft. Global betrachtet ist das Vertrauen in Regierungen von 48% im Vorjahr auf nur 44% im Jahr 2014 gesunken. Aktuell zeigt die Statistik einer Umfrage in Deutschland zum allgemeinen Vertrauen in die Regierung, dass rund 55 Prozent der Befragten in Deutschland an, der Regierung eher nicht zu vertrauen (vgl. Statista 2016).

In den damaligen Euro-Krisenländern lag das Vertrauen in die eigene Regierung gerade mal bei 24%[2] und weicht damit um zwanzig Prozentpunkte von dem Vertrauen in die Wirtschaft ab. Somit veranschaulichen die genannten Studien ein sinkendes Vertrauen der Menschen in Institutionen, welche die Stabilität der traditionell etablierten Währungen gewährleisten sollen.

Bezugnehmend auf den beschriebenen Entwicklungen thematisiert Paul Kemp-Roberts bereits 2013 in seinem TED Talk[3] unter dem Titel „Bitcoin. Sweat. Tide. Meet the future of branded currency." die Bedeutung des Vertrauens der Menschen für die aktuell etablierten Währungen. Seiner Meinung nach schenken die Menschen heute den Geschäftsmännern mehr Vertrauen als den Regierungen oder Banken. Weiter würde die den Weg für eine Etablierung von Alternativ-währungen ebnen. Als Beispiel wird von ihm der zunehmenden Gebrauch von Starbucks Star-Points[4] oder Amazon Coins (vgl. hierzu: Starbucks 2016 sowie Amazon 2016) angeführt. So ist er der Meinung, dass die Menschen ihr Vertrauen verstärkt in neue Technologien legen. Werte seien heute nicht mehr ausschließlich durch Geld ausdrückbar, sondern auch digitalisierbar. Dadurch wird sich seiner Meinung nach langfristig ändern, inwiefern Menschen über Geld denken (vgl. Kemp-Robertson 2013).

Aufbauend auf diesen Erkenntnissen soll das Konzept von Satoshi Nakamoto näher betrachtet werden, um zu verstehen welche Leitgedanke hinter der bekanntesten Kryptowährung steckt.

2.2   Das Konzept von Satoshi Nakamoto

With e-currency based on cryptographic proof, without the need to trust a third party middleman, money can be secure and transactions effortless." (vgl. Nakamoto 2009).

Geleitet von dieser Vision stellt Satoshi Nakamoto seine Entwicklung eines elektronischen Zahlungssystems vor, welches auf einem kryptographischem Beweis beruht, anstatt auf Vertrauen. So wird eine Währungseinheit „Bitcoin" genannt. Hierbei werden die Geldeinheiten im Vergleich zu (klassischen) zentralen Zahlungssystemen, dezentral innerhalb eines Computernetzwerks generiert und durch digitale Signaturen repräsentiert (vgl. hierzu Abb. 1). Ziel ist es, dass durch diese Währung es jeden zwei

---

[2] Dieser Wert bezieht sich auf die Länder Frankreich und Italien.

[3] Leitet sich aus jährlich stattfindenden Konferenzen ab, den TED Konferenzen, bei denen verschiedenen Kurz-vorträge gehalten werden. Die besten Vorträge werden über die Internetseite veröffentlicht, die sog. TED Talks.

[4] Eine Art von Treuepunkten.

gewillten Parteien möglich sein soll, direkt miteinander Transaktionen durchzuführen zu können. So machen es einfache Rechner-zu-Rechner-Verbindungen zur Übertragung von elektronischem Geld möglich, Zahlungen direkt von einem Nutzer zum anderen zu übertragen. Dabei wird komplett auf das Zwischenschalten einer weiteren Instanz. Ebenso sind geringe Transaktionskosten ein Merkmal dieser Währung. Zudem besitzt diese Währung die Eigenschaft, dass Zahlungen nicht storniert werden können (vgl. Nakamoto 2008). Weiter soll sich Nakamotos Konzept der Bitcoins verglichen mit herkömmlichen Währungen durch ein besonderes Maß an Sicherheit, Kontrolle und Anonymität auszeichnen.

2.3   Logische Umsetzung mittels Blockchain

Eine Herausforderung bei der Umsetzung dieses beschriebenen Konzepts ist es sicherzustellen, dass mit derselben elektronischen Münze nicht schon andere Zahlungen getätigt wurden. Das sog. doppelte Ausgeben einer Münze soll dabei verhindert werden. Es wird gefordert, dass es eine Instanz geben muss, welche den Überblick über alle Zahlungen abbilden und auswerten kann. Damit dennoch auf eine zentrale Autorität verzichtet werden kann, werden alle Transaktionen an das Bitcoin-Netzwerk veröffentlicht und müssen von diesem wiederum bestätigt werden. So besteht das Bitcoin-Netzwerk aus Teilnehmern, welche über das Internet miteinander kommunizieren und eine bestimmte Implementierung des Bitcoin-Protokolls ausführen. Dieses Verfahren wird auch „Proof-of-Work" genannt. Dies ist eine Art Nachweis, dass entsprechende Rechenleistung erbracht wurde. Hierbei müssen die Teilnehmer des Netzwerkes eine bestimmte rechenintensive Aufgabe[5] lösen, welche die Rechenleistung generiert.

Durch das Lösen dieser besagten Aufgabe wird ein neuer „Block" generiert, welcher nun in die sog. „Blokchain" aufgenommen wird (vgl. hierzu für einen Überblick Abb. 2). Dabei soll die die Blockchain eine Art öffentliche Buchhaltung bzw. Datenbank, in der alle bisher durch das Netzwerk bestätigten Transaktionen öffentlich einsehbar sind, repräsentieren. Weiter werden neue Transaktionen an alle Teilnehmer übermittelt des Netzwerks. So sammelt jeder Teilnehmer neue Transaktionen in einem Block und arbeitet daran, hierfür einen aufwändigen Proof-of-Work zu finden. Wenn der Teilnehmer diesen Leistungsnachweis gefunden hat, übermittelt er den Block an alle anderen Teilnehmer für den Abgleich.

So löst das Proof-of-Work-Verfahren ebenfalls das Problem der Entscheidungsfindung zwischen den Teilnehmern des Netzwerkes. Eine Mehrheitsentscheidung wird dabei von der längsten Blockchain repräsentiert, in welche somit die meiste Rechenleistung investiert wurde. Die Teil-nehmer des Netzwerkes nehmen automatisch die längste Block Chain als den richtigen Verlauf an. Wenn gleichzeitig verschiedene Versionen eines nächsten Blockes erscheinen, arbeiten unterschiedliche Teilnehmer an

---

[5] Berechnung eines bestimmten passenden Wertes einer Funktion.

verschiedenen Ketten weiter. Die Kette, in welche als erstes durch finden eines Proof-of-Works der nächste Block eingegliedert wird, ist die Längste und wird vom Netzwerk als der richtige Verlauf angenommen werden (vgl. Nakamoto 2008).

So wird der Schwierigkeitsgrad der zu lösenden Aufgabe automatisch reguliert, so dass diese Aktion jedes Mal etwa 10 Minuten dauert, bis der Proof-of-Work erbracht werden kann (vgl. Bitcoin Project 2016b). Nach diesen 10 Minuten wird im anschließend eine Transaktion in einen neuen Block aufgenommen und an die Blockchain angefügt. Darauffolgend werden alle weiteren 10 Minuten zusätzliche Blöcke angehängt. Je mehr Blöcke zusätzlich nach der Transaktion angehängt werden, desto verbindlicher ist die geplante Zahlung (vgl. Antonopoulos 2015).

Auch wenn alle Transaktionen dem Netzwerk öffentlich verkündet werden, so kann jedoch kann die Privatsphäre erhalten bleiben, indem die öffentlichen Schlüssel anonym vorgehalten werden, mit dem Ziel, dass die Transaktionen keinen Teilnehmer persönlich zugeordnet werden können. Damit es Teilnehmer gibt, welche bereit sind, Rechenleistung in das Netzwerk zu investieren, ist diesen Teilnehmern ein Anreiz zu bieten. Hier stellt die erste Transaktion in einem Block ist eine spezielle Transaktion dar. Diese gibt eine neue Münze aus, welche dem Erschaffer des Blockes zugeordnet wird. Dieser Mechanismus schafft zusätzlich ein Verfahren, Münzen an das Netzwerk auszugeben, ohne die Notwendigkeit der Koordination durch eine zentrale Autorität (vgl. Nakamoto 2008). Dieser beschriebene Anreiz, in Form einer Vergütung kann ebenso aus abzuführenden Transaktionsgebühren bestehen. Dies wird der Fall sein, wenn der vorherbestimmte Betrag von 21 Millionen Bitcoins in Umlauf sein wird und keine neuen Münzen mehr generiert werden können. So wird das Bereitstellen der eigenen Rechenleistung für das Bitcoin-Netzwerk, um im Gegenzug mit neu ausgegebenen Bitcoins bzw. Transaktionsgebühren belohnt zu werden, auch als „Mining" bezeichnet (vgl. Bitcoin Project 2016b).

Daneben soll die Vergütung für den Aufwand der erbrachten Rechenleistung einen Anreiz bieten, als ehrlicher Teilnehmer innerhalb des Netzwerks mitzuwirken. Wenn ein Teilnehmer mit niederträchtigen Absichten in der Lage wäre, mehr Rechenleistung aufzubringen als alle ehrlichen Teilnehmer gemeinsam, dann müsste sich dieser entscheiden, ob er eine entsprechende Rechenleistung aufwenden möchte, um die bestehende Blockchain zu manipulieren und sich somit selbst zu bereichert oder dafür neue Münzen zu generiert. Der Angreifer wird es vermutlich lohnenswerter empfinden, mit seiner zu erbringenden Rechenleistung mehr Münzen zu generieren, als alle anderen Teilnehmer gemeinsam, anstatt die Grundlage seines eigenen Reichtums zu gefährden (vgl. Nakamoto 2008).

Generell kann festgehalten werden, dass die Teilnehmer insgesamt gemeinsam an einer Sache mit nur einem geringen Aufwand an Kontrolle arbeiten. Sie können jederzeit dem Netzwerk beitreten oder dieses verlassen, solange sie den Proof-of-Work der anderen Teilnehmer akzeptieren, während sie nicht am Prozess beteiligt waren.

3 Grundprinzipien der Blockchain

Blockchain stellt eine Technologie für sogenannte Peer-to-Peer-Transaktionen dar. Dies bedeutet, wie bereits im Rahmen von Kapitel 2 beschrieben, dass jeder mit jedem innerhalb eines Netzwerkes direkt und ohne Intermediär Transaktionen durchführen kann (vgl. UCL 2016). Dabei ist neu, dass durchgeführte Transaktionen nicht weiter auf zentralen Datenbanken, sondern dezentral, auf allen teilnehmenden Rechnern gespeichert werden. Die erste wichtige Blockchain-Anwendung ist das beschriebene Konzept der Bitcoin. Aktuell wird diese Technologie vor allem im Finanzsektor weiterentwickelt. Seit Kurzem ist zu beobachten, dass Unternehmen und Initiativen entstehen, welche das Blockchain-Prinzip auch auf andere Branchen übertragen wollen (vgl. Redman 2016).

So sollen innerhalb dieses Kapitels grundsätzliche Konzepte rund um die Thematik Blockchain beschrieben werden. Darauf folgend wird die Funktionsweise der Blockchain erläutert.

3.1 Kryptograhie

Damit eine Währung funktioniert, ist es erforderlich, dass die verfügbare Geldmenge reguliert werden kann und eine Reihe von Sicherheitsmerkmalen erfüllt werden, um Betrug zu unterbinden und Vertrauen herzustellen (vgl. Nakamoto 2008).

Die Blockchain-Technologie basiert daher primär auf zwei kryptografischen Elementen: Hash-Funktionen und digitalen Signaturen. Erstere strukturieren die Transaktionen und Letztere ermöglichen den vertrauenswürdigen Austausch von Informationen zwischen den Handelsparteien (vgl. Narayanan et al. 2016, S. 1)

3.1.1 Hash-Funktion

Hashes innerhalb der Blockchain besitzen einige wesentliche Eigenschaften. So ist kann recht einfach ein Hash aus den Informationen des Blocks generiert werden, doch ist es fast unmöglich den ursprünglichen Wert zu rekonstruieren. Wenn auch nur ein Zeichen innerhalb des Blocks gehändert wurde, so verändert sich der gesamte Hashwert, wodurch jeder Hashwert einzigartig ist. Der ausgegeben Hash hat eine fest definierte Größe.

Weiter erfolgt die Validierung innerhalb eines Blocks durch mit Hilfe von Algorithmen, welche den Blöcken einen einzigartigen Hash anhängen. In diesem Kontext ist ein Hash eine auf allen in dem Block gespeicherten Informationen basierende Serie von Zahlen und Buchstaben. Wird nur eine Information innerhalb einer Transaktion durch Manipulation oder Übertragungsfehler nachträglich verändert, bspw. die Höhe des jeweiligen Transaktionsbetrags, errechnet der Algorithmus des veränderten Blockes nicht mehr den korrekten Hash und erstellt eine Fehlermeldung (vgl. Antonopoulos 2015).

Darüber hinaus ist es möglich einen Block eindeutig über den SHA^2 Hash[6] seines Blockheader zu identifizieren und ist jeweils mit dem Hash seines Vorgängers zu verknüpfen (vgl. Bitcoin 2016c).

Diese beschriebenen Kombinationen aus Zahlen- und Ziffern werden fortwährend auf ihre Korrektheit überprüft und danach in einzelne Blöcke zu einer gesamten Datenblock-Kette zusammengefügt. Dies ist die Blockchain. Daneben wird argumentiert, dass die in der Blockchain gespeicherten Informationen durch eine Verknüpfung der Zahlen- und Zifferkombinationen generell nicht (oder nur mit sehr hohem Aufwand) manipulierbar sein. Dieser Sicherheitsaspekt der Blockchain macht sie auch für Anwendungen über Bitcoins hinaus so interessant (vgl. Roßbach 2016b).

3.1.2 Digitale Signatur

Digitale Signaturen sind ein weiteres kryptografisches Werkzeug, das zum Erstellen einer Kryptowährung benötigt wird. Sie sind das digitale Gegenstück zu einer Unterschrift auf einem Brief (vgl. Narayanan et al. 2016, S. 15 - 17).

Digitale Signaturen authentifizieren eine Nachricht zwischen Sender und Empfänger auf eine Weise, welche den Empfänger und alle Benutzer der Blockchain verifizieren lässt, dass die Nachricht von dem erwarteten ursprünglichen Sender verschickt und nicht durch Dritte manipuliert wurde. Daraus lässt sich ein Schema ableiten bzgl. der Anforderungen an digitale Signaturen ableiten, welcher auf drei einfache Algorithmus beruht (vgl. Kelly. 2014, S. 79 ff.):

generateKeys (Schlüsselgröße)
Die Methode bekommt als Parameter die gewünschte Schlüsselgröße übergeben und erzeugt einen Public Key und einen Private Key. Der Private Key wird geheim gehalten und dient dem Signieren von Nachrichten. Er stellt die eigene Unterschrift dar. Der Public Key wird hingegen der Öffentlichkeit bekannt gegeben. Dieser ermöglicht es Dritten, die Signatur zu verifizieren.

Sign (Private Key, Nachricht)
Mittels sign wird eine Nachricht durch den Private Key unterschrieben und anschließend wird eine Signatur für das unterschriebene Dokument erstellt.

Verify (Public Key, Nachricht, Signatur)
Die Verify-Methode ermöglicht die Verifizierung einer Nachricht, indem Public Key und Signatur des Senders verglichen wird. Das Ergebnis ist entweder wahr oder falsch. In der praktischen Anwendung wird oft nicht die Nachricht selbst signiert, sondern der Hash der Nachricht.

---

[6] Der Hashwert ist eine Prüfsumme fester Länge, welcher mithilfe einer Hashfunktion zur Verschlüsselung einer Nachricht mit variabler Länge angewendet wird.

3.2 Grundsätzliche Funktionsweise der Blockchain

Technisch betrachtet ist Blockchain ein dezentrales Internetprotokoll, welche Transaktionen zwischen Anwendern ermöglicht, ohne dass es vermittelnder Institutionen, etwa einer Bank, bedarf. Wie auch im Rahmen der Bitcoins, gibt es Teilnehmer in einem Netzwerks, welche als Nodes bezeichnet werden. Diese sind im Umfeld der von Blockchains für die Verifikation und das Speichern der Transaktionen zuständig (vgl. ESMA 2016, S. 8). Ein weiteres relevantes Merkmal ist hierbei der massive Einsatz von Kryptografie, wie bspw. die Verwendung von digitalen Signaturen und Hash-Funktionen. Wie in der Einführung erwähnt, basieren Kryptowährungen wie Bitcoin auf der Grundlage der Blockchain-Technologie. Allerdings erlaubt die Blockchain jedoch neben digitalen Zahlungsmitteln auch noch weitere, nicht-monetäre Anwendungen. So gibt nach einer Studie von Oliver Wyman (2016) Einsatzmöglichkeiten für sogenannte Smart Contracts–Verträge, welche automatisch ausgeführt werden, sobald bestimmte Bedingungen erfüllt sind.

Funktional operiert Blockchain als dezentrale Datenbank, welche eine ständig wachsende Liste von Datensätzen enthält, dies sind die sog. Blöcke. Innerhalb dieser Blöcke befinden sich Daten und Arbeitsanweisungen. Durchzuführende Transaktionen werden durch die Rechner der Nodes, in kurzen Intervallen verifiziert und weiterverteilt. Hat ein Anwender vor eine bestimmte Transaktion nicht legitimerweise nachträglich manipulieren, dann müsste dieser die gesamte Blockchain an jedem einzelnen Node neu konfigurieren. Dies ist vor allem bei der Verwendung der Blockchain-Technologie, rechnerisch und organisatorisch nur unter erheblichen Aufwand realisierbar (vgl. Tapscott and Tapscott 2016).

Neben öffentlichen Plattformen, die zur Peer-to-Peer (P2P)-Kommunikation genutzt werden, kann Blockchain auch für private Netzwerkeverwendet werden, auf welche nur autorisierte Anwender Zugriff haben (vgl. Frøystad und Holm 2016 sowie Tapscott und Tapscott 2016).

3.3 Transaktionen

Wenn Anbieter und Nachfrager die Durchführung einer Transaktion vereinbaren, dann legen diese die Variablen einer solchen Transaktion fest. So sind dies bspw. Empfänger und Sender sowie die Höhe der Transaktion. Bei diesem Vorgehen werden die Informationen der einzelnen Transaktion mit anderen Transaktionen im gleichen Zeitraum als Datenblock zusammengefasst. Dieser Ansatz kann mit dem Versenden von E-Mails verglichen werden. Auch hierbei werden E-Mails in verschiedene Datenblöcke zerlegt bevor diese zugestellt werden (vgl. hierzu Schwenk 2010, S. 59 ff.). Allerdings besteht bei der Blockchain der Unterschied darin, dass der Vorgang eine einzelne standardisierte Transaktion beinhaltet. Dabei basiert die Blockchain auf einem öffentlich verbreiteten Hash als Lösung des Proof-of-Work.

Nach Frøystad und Holm (2016, S. 11) besteht eine Blockchain-Transaktion in den meisten Anwendungsfällen aus fünf Schritten, welche im Folgenden näher erläutert werden sollen:

1. Für jede durchgeführte Transaktion wird eine Nachricht an das Netzwerk übermittelt. Diese Nachricht soll dabei Informationen über den Wert der Transaktion beinhalten. Hierbei wird eine digitale Signatur, welche die Authentizität des Absenders sowie der Transaktion nachweist, verstanden. Daneben wird noch die Adresse des Empfängers in der Mitteilung inkludiert.

2. Weiter empfangen die Nodes im Netzwerk die Mitteilung und authentifizieren dadurch deren Gültigkeit, indem diese die digitale Signatur dechiffrieren. Die authentifizierte Transaktion wird im Anschluss daran in einem Pool aus verbleibenden Transaktionen gespeichert.

3. Ausstehende Transaktionen werden von einem Node des Netzwerks in einem Block aggregiert. In regelmäßigen Intervallen sendet der Node den Block zur Validierung und Freigabe an das Netzwerk.

4. Die Nodes innerhalb des Netzwerks, welche die Validierung übernehmen, empfangen den vorgeschlagenen Block und geben diesen anschließend im Rahmen eines iterativen Prozesses frei, sobald die Mehrzahl der Nodes diesen Vorgang freigegeben hat.

5. Sind nun alle Transaktionen des Blocks freigegeben, dann wird der neue Block in eine Kette von Blöcken integriert und dem gesamten Netzwerk die neue, validierte Information übermittelt.

Aufgrund der Komplexität des beschriebenen Validierungsprozesses benötigt die Verarbeitung einer solchen Transaktion ein hohes Maß an leistenden Zeit und Rechenaufwand. Nach Gilbert führte dies im ersten Halbjahr 2016 bei Bitcoin, zu Verzögerungen im Abarbeiten der Transaktionen und einem Rekordniveau an Reklamationen (vgl. Gilbert 2016). Eine Darstellung über die durchschnittliche Transaktionszeit bei Bitcoin in den Monaten Oktober bis Dezember 2016 findet sich in Abb. 3).

3.4 Proof of Stake

Mit Hilfe des Proof-of Stake-Verfahrens soll der Mining-Prozess für all jene vereinfacht werden, welche eine große Menge an Tokens (bzw. Coins) kontrollieren. Während im Rahmen des Proof-of-Work-Prinzips eine große Anzahl von Nutzern durch das Mining die Hashs der Transaktionen dezentral validiert wird, mit dem Ziel die Besitzbestände innerhalb der Blockchain zu aktualisieren, müssen die Nutzer innerhalb des Proof-of-Stake-Konzept ihren Anteil an der unterliegenden Währung wiederkehrend selbst nachweisen. So wird bei dem Proof-of-Stake-Konzept der Aufwand des Validierungsprozesses nach dem prozentualen Anteil des Eigentums der jeweiligen Nodes verteilt (vgl. PWC 2016). So resultiert hierbei ein theoretischer Anteil von zehn Prozent eines Besitzers am Gesamtumlauf eines Blockchain-Vermögens, in einem zehnprozentigen Anteil des zu leistenden Miningaufwands durch den jeweiligen Nutzers. Der Vorteil dieses Vorgehens kann in großen Einsparungen von

Energie- und Betriebskosten führen. Grund hierfür ist das dezentrale und somit weniger aufwändige Validierungsverfahren (vgl. King/Nadal 2012, S. 2 f.).

3.5 Distributed Ledger Technology

Distributed Ledger bedeutet aus dem Englischen übersetzt etwa so viel wie dezentralisiertes Konto. Doch der Unterschied gegenüber einem klassischen Konto liegt darin, dass dieses nicht durch eine zentrale Einheit verwaltet wird, sondern von einem verteilten Netzwerk, in welchem Transaktionen verifiziert werden und somit einen Intermediär überflüssig macht.

So liegt eine wesentliche Eigenschaft der Blockchain darin, dass sie weder zentral noch einfach gespeichert wird, sondern dezentral und vollständig redundant auf einem Peer-to-Peer-Netzwerk vorhanden ist. Von diesem Pinzip leitet sich auch Bezeichnung „Distributed Ledger" abgeleitet. Hierbei verfügt jeder Teilnehmer innerhalb des Netzes über die gesamte Kette von Blöcken und gleichzeitig und besitzt dabei gleichzeitig dieselben Rechte für die Generierung neuer Blöcke.

Der Vorteil eines solchen verteilten Ansatzes liegt darin, dass es keinen sog. Single Point of Failure[7] gibt, welchen es zu administrieren und zu kontrollieren gilt. Weiter gehen dabei stets gewisse Risiken einher. Zusätzlich ist dieses Pinzip, die Datenbank mittels Redundanz vor Manipulationen und technischem Ausfällen schützen, vertrauensbildend (vgl. Roßbach 2016).

Bisher wurde der Distributed-Ledger-Technologie (DLT) die größte Aufmerksamkeit als öffentlicher Ledger im Rahmen von Transaktionen der Bitcoin geschenkt. Die Idee, Distributed Ledger auch auf den Wertpapierhandel anzuwenden, ist hingegen noch relativ jung. Mit dem Ziel die Chancen und Risiken einer Implementierung von DLT im Wertpapierhandel näher zu untersuchen und ihr zum Durchbruch zu verhelfen, wurde Arbeitsgruppen von vielen Marktteilnehmern und Behörden, eingerichtet (vgl. ESMA 2016, S. 8).

Eine konkrete Anwendung der DLT im Wertpapierhandel unterscheidet sich in einigen Eigenschaften von der Anwendung als Distributed Ledger für Bitcoin. Die Bitcoin Blockchain ist ein erlaubnisfreies System, an dem sich jeder teilhaben und Transaktionen verifizieren kann. Doch ein System für den Wertpapierhandel wird erlaubnispflichtig sein und vermutlich autorisierten Teilnehmern wie Banken und Behörden vorbehalten bleiben (vgl. ESMA 2016, S. 8).

Zusammenfassend kann Blockchain ist eine innovative Umsetzung einer verteilten Datenbank verstanden werden. In diesem Kontext werden einzelne Transaktionen zu Blöcken zusammengefasst und anschließend miteinander verkettet. Die Sicherheit der Blockchains basiert daher darauf, dass jeder

---

[7] Unter einem Single Point of Failure wird ein Bestandteil eines technischen Systems verstanden, dessen Ausfall den Ausfall des gesamten Systems zur Folge hat.

Block mit einer Hash-Funktion verschlüsselt wird und deneben die Datenbank auf sehr vielen Servern und PCs simultan verteilt vorgehalten wird.

4 Anwendungsszenarien

Die Blockchain-Technologie ist open source (vgl. Github 2016a). Somit wurden bestehende Urheberrechte an die Allgemeinheit abgetreten (vgl. Github 2016b). Allerdings gibt es mehrere Parteien durch welche die Weichen für die zukünftige Entwicklung dieser Technologie gestellt werden. Aufgrund der generischen Konzeption ist die Blockchain universell einsetzbar, weil diese im Grunde einen Informationsspeicher darstellt. Somit ist das potentielle Anwendungsspektrum entsprechend breit (vgl. Roßbach 2016b).

So lassen sich Blockchain-Anwendungen aus heutiger Sicht in drei Entwicklungsstadien unterteilen, die Blockchain der Stufen 1.0, 2.0 sowie 3.0.

Innerhalb des folgenden Kapitels sollen die Entwicklungsstadien beschrieben werden, wodurch es dem Leser ermöglicht werden soll festzustellen in welchem Stadium sich die Technologie der Blockchain aktuell befindet und wohin sie sich entwickeln kann.

4.1 Blockchain 1.0

Blockchain 1.0 umfasst virtuelle Kryptowährungen wie Bitcoin, als eine Alternative zu Realwährungen wie EUR oder USD. Bis heute ist von allen Blockchain-Anwendungen insbesondere Bitcoin einer größer werdenden Öffentlichkeit ein Begriff. Trotz steigender Nutzerzahlen und Handelsvolumina ist der absolute Anteil von Bitcoin-Transaktionen an internationalen Währungsmärkten aber weiterhin verschwindend gering. Es gibt aktuell keine Anzeichen für einen Aufstieg von Bitcoin in Dimensionen, die mit denen internationaler Währungen vergleichbar sind (vgl. Zhao/Fan/Yan 2016).

4.2 Blockchain 2.0

Das nächste Entwicklungsstadium ermöglicht die Nutzung von Smart-Contract-Modellen, welche unter dem Begriff Blockchain 2.0 zusammengefasst werden können. Dabei soll unter Smart Contract ein digitales Protokoll verstanden werden, das vorgegebene Prozesse innerhalb einer Transaktion automatisiert ausführt, ohne dass ein Dritter (bspw. eine Bank) involviert ist. Für Banken kann diese Entwicklung eine Gefahr für ihr bisheriges Geschäftsmodell darstellen, da sie Gefahr laufen, im Bereich des Zahlungsverkehrs ausgeschlossen zu werden. Unternehmen und Entwickler können bei ihren Anwendungen offene und private Blockchains einsetzen. In einer offenen Blockchain ist die Identität der Teilnehmer anonym. Beispiele sind Bitcoin und Ethereum[8].

---

[8] Ethereum ist ein verteiltes System, das eine Plattform zum ausführen von Smart Contracts bietet, und auf einer eigenen öffentlichen Blockchain basiert.

In einer privaten Blockchain sind die Teilnehmer bekannt und wurden vorab identifiziert. Vorteile der privaten Blockchain sind bspw. ein einfacheres Regulieren und niedrigere Betriebskosten gegenüber öffentlichen Anwendungen (vgl. Haller Groenbaek 2016).

4.3 Blockchain 3.0

Die Blockchain 3.0 ist noch ein visionäres Konzept. Darin würden Smart Contracts zu dezentralen, autonomen Organisationseinheiten weiterentwickelt, mit eigenen Gesetzmäßigkeiten und einem hohen Autonomiegrad (vgl. Swan 2015, IX ff.).

4.4 Ausblick

Damit ergibt sich großes Potenzial für innovative Produkte und Services (vgl. hierzu Tab. 1), die Prozesse im öffentlichen und privatwirtschaftlichen Bereich vereinfachen können. Überall da, wo die nachweisliche Integrität von Daten eine Rolle spielt, kann die Blockchain-Technologie für Wandel sorgen. Nicht nur Startups arbeiten an neuen Services nach dieser Logik, mittlerweile planen auch viele Unternehmen und Staaten, die Technologie einzusetzen (vgl. Holthusen/Kufeld/Glatz 2016, S. 5 ff.).

Neben den genannten Möglichkeiten erstrecken sich die Anwendungen auf zahlreiche weitere Bereiche des Wirtschaftslebens (vgl. hierzu Tab.1).

5 Kritische Würdigung

Nach den ersten Erfolgen des Bitcoin als neuartiger Währung verändert sich der Blick auf das Potential der darunterliegenden Blockchain-Technologie. Es ist klar, dass die Bedeutung geteilter, replizierter Datenbanken weit über die Erscheinung digitalen Bargelds hinausgeht.

Grundsätzlich wird der Blockchain-Technologie ein sehr großes Potenzial zugeschrieben, heute befinden sich die Entwicklungen aber noch in einem sehr frühen Stadium (vgl. Janschitz 2016).

Nachdem sich zu Beginn vor allem Start-ups in diesem Bereich engagiert haben, erkennen zunehmend auch etablierte Unternehmen das Potential dieser Technologie und beginnen mit Investitionen und Projekten. Die Potentiale und der Reifegrad der Technologie sowie die Anzahl der Projekte sind ein Hinweise darauf, dass Blockchainbasierte-Systeme eine wichtige Bedeutung in der Zukunft erlangen können (vgl. Roßbach 2016b).

Sollten sich die Blockchain-Technologien durchsetzen, hätte dies vor allem auf die Bankenlandschaft massive Auswirkungen. Neben disruptiven Veränderungen der Infrastrukturen in sowie zwischen den Banken, wären vor allem auch viele der Intermediäre, die heute noch für die Ausführung der Finanzprozesse notwendig sind, in ihrer Existenz bedroht.

Ob und vor allem wann sich die Blockchain-Technologien durchsetzen werden, lässt sich derzeit noch nicht beurteilen. Aufgrund der Verteiltheit bestehen neue Ansprüche an Sicherheits- und Notfallkonzepte. Auf die Sicherheit der Protokolle alleine zu vertrauen, kann kein gangbarer Weg sein, da nie ausgeschlossen werden kann, dass im Laufe der Zeit Schwachstellen gefunden werden oder diese durch die Entwicklung neuer Technologien entstehen, wie z.B. den Quantencomputern im Kryptobereich.

Weiter sollten die Anwendungsmöglichkeiten auch kritisch betrachtet werden. Bezugnehmend auf Smart Contract (Blockchain 2.0) wäre es bspw. möglich einen Vertrag zwischen einem Energieproduzenten und einem Verbraucher aufzusetzen, der die Versorgung und Bezahlung vollautomatisch und gesichert regelt. Kommt der Verbraucher seiner Zahlung nicht nach, würde der Smart Contract - wenn sich die Parteien vorher hierauf geeinigt haben - die Stromversorgung automatisch einstellen, bis die Zahlung nachträglich geleistet worden ist. Dieses Gedankenspiel über das Entziehen bestimmter Nutzungsrechte lässt sich auf die unterschiedlichsten Bereiche des Wirtschaftslebens anwenden.

So liegen die Stärken der Blockchain in der günstigeren und schnelleren Durchführung der Transaktionen im Vergleich zu dem traditionellen System. Allerdig sind die momentanen Nachteile, fehlenden Standards, um aufkommende Synergieeffekte nutzbar zu machen.

Ob sich die jeweiligen Anwendungen durchsetzen, dürfte entscheidend davon abhängen, wem die Nutzer mehr Vertrauen schenken – einem dezentralen Blockchain-Netzwerk oder etablierten Intermediären, wie etwa Finanzmarktunternehmen. Sicher scheint, dass die Blockchain-Technologie in verschiedenen Branchen zu neuen, innovativen Geschäftsmodellen führen wird.

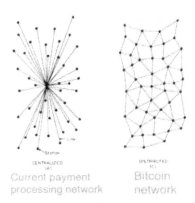

Abb.1: Unterschied zwischen (klassischen) zentralisierten und verteilten Zahlungssystemen wie BitCoin (vgl. Wile 2014).

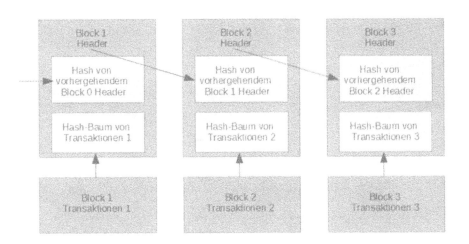

Abb. 2: Vereinfachte Bitcoin-Blockchain (vgl. Bitcoin Project 2016)

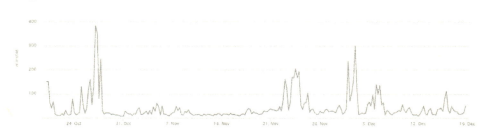

Abb. 3: Durchschnittliche Transaktionszeit bei Bitcoins (vgl. Blockchain Info 2016)

Bereich	Beschreibung
Eheschließung	Die erste Heirat wurde im Oktober 2014 in der Blockchain notariell beurkundet, direkt im Anschluss an die Eintragung in einem behördlich geführten Personenstandsregister.
Hochschulen	Die Universität Nicosia zertifiziert die Zeugnisse ihrer Studenten mittlerweile in Form von Transaktionen in der Blockchain.
Identifizierung	Die britische Regierung führt momentan Forschungen zu dem Nutzen der Integritätsgarantie der Blockchain durch.
Verwaltung	Auf der Isle of Man wird ein Handelsregister für Unternehmen im Kryptowährungsbereich basierend auf der Blockchain, betrieben.
Banken	In der Initiative R3 haben sich 30 weltweit agierende Banken zusammengefunden. Ziel ist es eine eigene, private Blockchain zu entwickeln, mit der Zahlungen kostengünstig abgewickelt werden können. Diese Art von Blockchain kann auch als „Permissioned Ledger" bezeichnet werden.
Wirtschaftsprüfung	Die Unternehmensberatung Deloitte arbeitet mit Blockchain-Technologie, um im Rahmen der Wirtschaftsprüfung größeres Vertrauen in die Bücher von Firmen zu schaffen und Prüfungen an sich zu automatisieren.
Infrastruktur	IBM wagt im Jahr 2015 mit seiner ADEPT-Initiative einen neuen Vorstoß, um die weltweite IoT-Infrastruktur auf ein Blockchain-basiertes System umzustellen.

Tab.1: Anwendungsbereiche des Wirtschaftsleben (vgl. Holthusen/Kufeld/Glatz 2016)

Literaturverzeichnis

Amazon.com Inc. (2016): Amazon Coins für Apps und Spiele, https://www.amazon.de/gp/feature.html?docId=1000749413, Zugriffsdatum: 21.11.2016.

Antonopoulos, Andreas (2015): Mastering bitcoin. [unlocking digital cryptocurrencies]. O'Reilly Media, Bei-jing, http://chimera.labs.oreilly.com/books/1234000001802/ch07.html, Zugriffsdatum: 11.12.2016.

BankingPortal24.de (2012): EZB wirft die Notenpresse an: Die Inflation kommt sicher!, http://www.bankingportal24.de/finanzredaktion/944/ezb-wirft-die-notenpresse-an-die-inflation-kommt-sicher/, Zugriffsdatum: 01.11.2016.

Bitcoin Project (2016a): Bitcoin is an innovative payment network and a new kind of money, https://bitcoin.org/en/, Zugriffsdatum: 13.12.2016.

Bitcoin Project (2016b): FAQ, https://bitcoin.org/en/faq, Zugriffsdatum: 01.12.2016.

Bitcoin Project (2016c): Block hashing algorithm, https://en.bitcoin.it/wiki/Block_hashing_algorithm, Zugriffsdatum: 07.12.2016.

Bitcoin Project (2016d): Block Chain Overview, https://bitcoin.org/en/developer-guide#block-chain, Zugriffsdatum: 19.12.2016.

Blockchain Info (2016): Average Confirmation Time, https://blockchain.info/de/charts/avg-confirmation-time?timespan=180days, Zugriffsdatum: 05.12.2016.

Bonadonna, E. (2013): Bitcoin and the Double-Spending Problem, https://blogs.cornell.edu/info4220/2013/03/29/bitcoin-and-the-double-spending-problem, Zugriffsdatum: 05.12.2016.

Boroujerdi, Robert D.;Wolf, Christopher (2015): Emerging Theme Radar: What if I Told You…, http://www.goldmansachs.com/our-thinking/pages/macroeconomic-insights-folder/what-if-i-told-you/report.pdf, Zugriffsdatum: 11.11.2016.

Brauers, Maximilian: Von der Immobilienblase zur Finanzkrise – Ursachen und Folgen von Preis-blasen und was die Geldpolitik dagegen tun kann, 1. Aufl., Diplomica Verlag, Hamburg, 2011.

Diederichs, Marc: Risikomanagement und Risikocontrolling - Risikocontrolling– ein integrierter Bestandteil einer modernen Risikomanagement-Konzeption, 2. Korrigierte Auflage, Vahlen, München, 2010.

Korrigierte Auflage, Vahlen, München

Edelmann, Daniel J. Holdings Inc. (2014): Edelman Trust Barometer 2014, http://www.edelman.com/insights/intellectual-property/2014-edelman-trust-barometer/, Zugriffs-datum: 01.11.2016.

ESMA (2016): European Securities and Markets Authority: The Distributed Ledger Technology Ap-plied to Securities Markets, https://www.esma.europa.eu/file/18727/download?token=j_lKec2m, Zugriffsdatum: 06.12.2016.

FAZ (2016): Frankfurter Allgemine Zeitung: Banken glückt Baumwoll-Lieferung per Block-chain, http://www.faz.net/aktuell/finanzen/digitalisierung-banken-glueckt-baumwoll-lieferung-per-blockchain-14497029.html, Zugriffsdatum: 19.12.2016.

Franco, Pedro: Understanding bitcoin. Cryptography, engineering and economics. Wiley, Chich-ester, 2015.

Frøystad, P. und Holm, J. (2016): Blockchain: Powering the Internet of Value, EVRY Labs. https://www.evry.com/globalassets/insight/bank2020/bank-2020---blockchain-powering-the-internet-of-value---whitepaper.pdf, Zugriffsdatum: 03.11.2016.

Gallup Inc. (2012): American's Confidence in Banks Falls to Record Low, http://www.gallup.com/poll/155357/americans-confidence-banks-falls-record-low.aspx, Zugriffsdatum: 04.11.2016.

Gallup Inc. (2016): About Gallup, http://www.gallup.com/corporate/177680/gallup.aspx, Zugriffsdatum: 10.11.2016.

Gilbert, D. (2016): Blockchain Complaints Hit Record Level As Bitcoin Transaction Times Grow And Fees Rise. International Business Times, 3. 08.2016.

Github (2016a): Bitcoin Core integration, https://github.com/bitcoin/bitcoin, Zugriffsdatum: 18.12.2016.

Github (2016b): Bitcoin, https://github.com/bitcoin/bitcoin/blob/master/COPYING, Zugriffsdatum: 18.12.2016.

Haller Gronbaek von, Martin (2016): Blockchain 2.0, smart contracts and challenges, http://www.twobirds.com/en/news/articles/2016/uk/blockchain-2-0--smart-contracts-and-challenges, Zugriffsdatum: 01.12.2016.

Handelsblatt GmbH & Co. KG (2014): Banken verlieren Vertrauen der Privatanleger, http://www.handelsblatt.com/finanzen/steuern-recht/recht/studie-banken-verlieren-vertrauen-der-privatanleger/9471030.html, Zugriffsdatum: 01.11.2016.

Holthusen, Jannis; Kufeld, Simon; Glatz, Florian (2016): Vorstellung der Blockchain-Technologie: „Hallo, Welt!", https://www2.deloitte.com/content/dam/Deloitte/de/Documents/Innovation/Vorstellung%20der%20Blockchain-Technologie.pdf, Zugriffsdatum: 24.11.2016.

Janschitz, Mario (2016): Die Technologie hinter Bitcoins: Wie Blockchain das Internet für immer verändern könnte, http://t3n.de/news/blockchain-588923/, Zugriffsdatum: 19.19.2016.

Kaiser, Stefan (2014): Euro-Krise: Deflation bedroht den Aufschwung, http://www.spiegel.de/wirtschaft/soziales/euro-krise-deflation-gefaehrdet-aufschwung-a-962001.html, Zugriffsdatum: 22.11.2016.

Kelly, Brian: The Bitcoin Big Bang: How Alternative Currencies Are About to Change the World, 1. Aufl., Wiley-Verlag, Hoboken, New Jersey, USA.

Kemp-Robertson, Paul (2013): Bitcoin. Sweat. Tide. Meet the future of branded currency. At TEDGlobal 2013, http://www.ted.com/talks/paul_kemp_robertson_bitcoin_sweat_tide_meet_the_future_of_branded_currency#t-18473, Zugriffsdatum: 02.12.2016.

King, Sunny; Nadal, Scott (2012): PPCoin: Peer-to-Peer Crypto-Currency with Proof-of-Stake, https://peercoin.net/assets/paper/peercoin-paper.pdf, Zugriffsdatum: 07.12.2016.

Lochmaier, Lothar: Bitcoins: Zwischen Spekulationsblase und Hype, in: Die Bank, (3) 2014.

Nakamoto, Satoshi (2008): Bitcoin: A Peer-to-Peer Electronic Cash System. https://bitcoin.org/bitcoin.pdf, Zugriffsdatum: 08.11.2016.

Nakamoto, Satoshi (2009): Bitcoin open source implementation of P2P currency, http://p2pfoundation.ning.com/forum/topics/bitcoin-open-source, Zugriffsdatum: 08.11.2016.

Narayanan, Arvind; Bonneau, Joseph; Felten, Edward; Miller, Andrew; Goldfeder, Steven: Bitcoin and Cryptocurrency Technologies: A Comprehensive Introduction. Princeton: Princeton University Press, 2016.

Redman, Jamie (2016): Fintech & Blockchain is 'Eating the German Landscape, https://news.bitcoin.com/fintech-blockchain-german-landscape/, Zugriffsdatum: 01.11.2016.

Roßbach, Peter (2016a): Blockchain-Technologien und ihre Implikationen: Was verbirgt sich hinter der Blockchain-Technologie?, http://blog.frankfurt-school.de/blockchain-technologien-konsens-mechanismen/?lang=de, Zugriffsdatum: 30.11.2016.

Roßbach, Peter (2016b): Blockchain-Technologien und ihre Implikationen: Anwendungsbereiche der Blockchain-Technologie, http://blog.frankfurt-school.de/blockchain-technologie-2/?lang=de, Zugriffsdatum: 30.11.2016.

Oliver Wyman Inc. (2016): Blockchain in Capital Markets: The Prize and the Journey, http://www.oliverwyman.com/content/dam/oliver-wyman/global/en/2016/feb/BlockChain-In-Capital-Markets.pdf, Zugriffsdatum: 25.11.2016.

PricewaterhouseCoopers AG (2016): Blockchain – Chance für Energieverbraucher?

Schwenk, Jörg: Sicherheit und Kryptograhie im Interent: Von sicherer E-Mail bis IP-Verschlüsselung, 3. Überarbeitete Aufl., Vieweg+Teubner Verlag, Wiesbaden, 2010.

Simmel, Georg: Philosophie des Geldes, 1. Aufl., Suhrkamp Taschenbuch Verlag, Frankfurt am Main, 1989.

Starbucks Corporation (2016): Starbucks Rewards, https://www.starbucks.com/card/rewards, Zugriffsdatum: 02.11.2016.

Statista (2016): Wie sehr vertrauen Sie der deutschen Regierung?, https://de.statista.com/statistik/daten/studie/153823/umfrage/allgemeines-vertrauen-in-die-deutsche-regierung/, Zugriffsdatum: 29.11.2016.

Swan, Melanie: Blockchain: Blueprint for a New Economy, 1. Aufl., O'Reilly Media, Inc., Sebastopol, CA, USA.

Tapscott, D. und Tapscott, A.: Blockchain Revolution: How the Technology Behind Bitcoin Is Changing Money, Business, and the World. Penguin Publishing Group, 2016.

UCL (2016): University College London: UCL Research Centre for Blockchain Technologies, http://blockchain.cs.ucl.ac.uk/, Zugriffsdatum: 03.11.2016.

Wile, Rob (2014): SATOSHI'S REVOLUTION: How The Creator Of Bitcoin May Have Stumbled Onto Something Much, Much Bigger, http://uk.businessinsider.com/the-future-of-the-blockchain-2014-4?IR=T, Zugriffsdatum: 15.11.2016.

Zhao, Leon J.; Fan, Shaokun; Yan, Jiaqi: Overview of business innovations and research opportunities in blockchain and introduction to the special issue, In: Financial Innovation, Springer-Verlag, Berlin Heidelberg, (2) 2016, S.26.

Zydra, Markus (2012): Geldschöpfung bei der Zentralbank: Gefährliches Privileg, http://www.sueddeutsche.de/wirtschaft/geldschoepfung-bei-der-zentralbank-das-gefaehrliche-privileg-1.1279543, Zugriffsdatum: 18.11.2016.